AF305746

L'HOMME DES GIBEAUX,

OU

NOUVELLES PREUVES

DE LA CONJURATION

DE M. ÉLIE DE CAZES ET CONSORTS,

CONTRE LA LÉGITIMITÉ.

Il est des cas où il faut saisir l'homme injuste, atroce et
funeste, le mettre en scène, le faire rougir et le
dénoncer à la patrie comme un monstre. Poyet,
Laubardemont, Lafleymas et tant d'illustres scélérats
qui ont fait le malheur de la France, seraient rentrés
dans le néant ou auraient fui, s'ils avaient été ainsi
pressés en public par un orateur éloquent, vertueux
et patriote; ces ames de boue, d'or et de sang, ne
craignent que le grand jour.

(DICTIONNAIRE DE JURISP., par Prost
de Royer. *Verbo* APOSTROPHE.)

PARIS,

CHEZ LENORMAND, Imprimeur-Libraire, rue de Seine.

ET AU PALAIS-ROYAL,

CHEZ LES LIBRAIRES.

1820.

Au Projet d'Acte d'accusation contre M. Elie de Cazes a succédé, comme première *addition*, une Brochure ayant pour titre : « *Conjuration permanente contre la Maison des Bourbons, depuis le Ministre Necker, jusqu'au Ministre de Cazes, et depuis Louvel jusqu'à l'abbé Grégoire.* »

Cette Brochure est la seconde addition au Projet d'Acte d'accusation.

Prix des trois ouvrages : 5 fr. 5o cent.

L'HOMME DES GIBEAUX.

Tandis que tout le monde tremblait ou rampait aux pieds de M. de Cazes, j'ai eu le courage de dénoncer à la France entière ce coupable favori de l'aveugle fortune, ce serviteur ingrat, qui n'a fait servir la confiance de son Roi qu'à ébranler le trône de son bienfaiteur, qu'à troubler la paix du continent, en déchaînant les furies révolutionnaires. J'étais encore loin de connaître toute la perversité de cet homme affreux; même lorsque je publiai mon second écrit contre ce misérable, dont le crédit semblait tellement cimenté, qu'il n'a fallu rien moins que l'assassinat d'un Prince pour le précipiter de ce haut rang qu'il a déshonoré par tant de forfaits. Comme bon Français, comme ami de la légitimité, je lui ai voué une haine implacable qui le suivra jusqu'au jour de la justice. Je remplis cet engagement solennel, en publiant des faits parvenus depuis à ma connaissance, qui feront luire un nouveau jour contre cet homme, plus fatal à sa patrie que les deux invasions; sans être nombreux, ils sont assez frappans par eux-mêmes, par le rapprochement des époques, pour les croire dignes de figurer dans le travail que prépare un honorable député, un magistrat intègre. Espérons que la tribune nationale retentira bientôt de ses accens accusateurs, et que les Chambres rempliront enfin le devoir rigoureux, mais sacré, que la justice outragée, que la France expirante leur impose.

———————

Je crois devoir rappeler à mes lecteurs que M. de Cazes, à l'exemple de tous les conspirateurs qui l'ont précédé, avait regardé la disette des grains comme un des plus puissans leviers pour soulever le peuple. Les calamités atmosphériques de 1816 lui fournirent une occasion favorable de le mettre en jeu; il se hâta de spéculer sur des alarmes générales.

Quoique le discours du trône eût déclaré que les grains recueillis suffisaient aux besoins, que cette assurance eût été accrue par la publicité donnée aux recensemens des préfets, M. de Cazes donna des ordres pour faire des achats considérables dans l'étranger; il ne craignit donc pas, par cette mesure, de déconsidérer la parole royale, pour arriver plus facilement à son but; il n'en fallut pas davantage pour organiser la famine, et elle le fut bientôt.

Le fait suivant, malgré son peu d'importance en apparence, ne laisse pas de peindre l'homme du malheur.

Des hommes dévoués et pleins de sens, avaient été frappés de voir faire, dans les départemens du Nord, de grands accaparemens de grains sous les yeux de la police; ils eurent quelques soupçons sur les motifs de cette mesure, ils les communiquèrent par écrit à un huissier de la Chambre du Roi, qui s'empressa de les transmettre à M. le duc de Feltre, alors ministre de la guerre.

Le maréchal remercia par écrit le loyal serviteur de S. M., d'une communication aussi importante.

M. de Cazes fut informé que la dénonciation était parvenue à la connaissance du Roi par le ministère officieux de cet honnête officier.

Il se hâta de prendre des renseignemens sur les rapports qu'il pouvait avoir avec les personnages respectables qui se présentaient à la cour ; et les gens même dont les opinions varient comme *les vents*, le présentèrent comme un royaliste constamment fidèle, et communiquant de préférence avec les hommes *monarchiques, immobiles*.

Je ne veux que des muets près la chambre du Roi, dit le visir, et je n'aime pas les officiers qui s'entretiennent des affaires publiques.

Il demanda sur-le-champ à S. M. l'éloignement de ce brave et digne homme, qui, au 10 août, défendait Louis XVI contre les assassins qui firent une incursion dans le château.

Malgré les témoignages de bonne conduite, de dévouement constant, attestés par les premiers gentilshommes de la chambre, l'huissier perdit sa place.

Pourquoi tant d'irritation et de violence de la part de M. de Cazes, si le motif de l'accapaparement n'eût été suspect ?

On sait que les mouvemens séditieux n'agitèrent pas les départemens du Nord, parce que M. le duc de Feltre les prévint ; mais le département de l'Isère fut *un* de ceux que l'on choisit pour faire *des essais*, comme l'a dit M. Sappey, qui ne peut pas être suspect. Le vrai motif de la famine fut bientôt dévoilé par le cri de ralliement : *A bas les Bourbons! Vive l'Impératrice Marie-Louise !* et par le déploiement *de l'étendart tricolore*, sous lequel marchaient les rebelles.

Cet *essai* de conspiration ne fut pas heureux ; il *échoua* contre la vigilance et la bravoure du général Donnadieu. Les conjurés furent battus, dispersés, pris et livrés aux tribunaux.

M. de Cazes fut furieux de cet échec ; il avait espéré sans doute que le noyau formé dans le département de l'Isère deviendrait un parti considérable, à l'aide duquel il espérait ramener la famille de l'usurpateur, dans les antichambres de laquelle il avait rampé.

Impétueux, violent, implacable dans ses ressentimens, il ne garda aucune mesure. Vainement le général Donnadieu demanda-t-il la grâce d'un enfant de quinze ans et demi, et d'autres condamnés plus égarés que criminels ; le despote désappointé, furieux, ordonna, par une dépêche télégraphique laconiquement féroce, que le sang de l'enfance flétrît cette cruelle victoire.

Plus tard, le général faillit expier dans les fers le dangereux honneur de s'être montré fidèle, d'avoir DÉJOUÉ la trahison, d'avoir prolongé l'ostracisme des Corses. La France, indignée, le vengea de son atroce oppresseur ; et l'on entendit ce bourreau de l'enfance, par le plus affreux acharnement contre le général dont il avait juré la perte, nier la conspiration, et oser prétendre que des hommes armés, marchant au pas de charge avec des cris séditieux, se rendaient paisiblement à des fêtes. On ne sait ce qui doit indigner le plus, de l'impudence de la dénégation ou de l'absurdité du prétexte. Par quelle fatalité cette honorable victime n'a-t-elle pu obtenir encore justice de son accusateur? Son influence se ferait-elle donc toujours sentir, malgré sa chute?

Voici des faits qui caractérisent encore la fureur de cet insolent dictateur. Un journaliste, dès long-temps connu par son inaltérable dévouement et de grands sacrifices pour la légitimité, avait consigné dans sa feuille la victoire remportée sur les rebelles, avant même qu'elle fût connue du ministre de la police. Doublement irrité, et par l'événement qui faisait avorter ses coupables projets et par la honte de voir de simples individus plutôt informés que lui, il donne l'ordre de faire sur-le-champ une descente chez le journaliste, de saisir tous les exemplaires de la feuille précoce; les sbirres violent en pleine nuit l'asile du téméraire écrivain, exécutent très-arbitrairement cet ordre despotique, font beaucoup de dégât pour découvrir ces exemplaires si ardemment convoités. Le lendemain, il apprend la défaite de son ami Didier. Villemain fait au nom du ministre les excuses les plus rampantes, offre des indemnités, la destitution des agens de police; tant il est vrai que l'extrême bassesse est toujours voisine de l'extrême insolence! Le généreux journaliste se crut assez vengé par l'humiliation du ministre; il refusa les excuses, les dédommagemens, et exigea que les agens dont on offrait le sacrifice fussent maintenus.

L'infructueux *essai* sur l'Isère ne découragea pas l'imperturbable partisan de Buonaparte. Un second *essai* fut tenté, mais plus en grand, à Lyon. Le général Canuel rivalisa de vigilance, de zèle et de bravoure avec le général Donnadieu ; il eut à son tour l'honneur de faire éclater sa fidélité et de faire triompher la cause royale. Il expia sa gloire dans les fers, dans les horreurs du secret ; il fut enveloppé dans une accusation, dont l'atrocité peut seule égaler l'invraisemblance. Un maréchal de France fut extraordinairement chargé de rechercher ou de créer les élémens d'une procédure *insensée* ; des accusés furent arbitrairement soustraits aux poursuites intentées contr'eux ; ils devinrent même accusateurs des magistrats, transformés en embaucheurs : les rapports les plus mensongers, les plus calomnieux, furent faits par le chef d'état-major, prête-nom du maréchal, peu accoutumé à de pareilles expéditions, plus dignes des muets du sérail que d'un militaire. Enfin, justice fut faite de cette œuvre d'iniquité ; le prête-nom fut condamné, comme calomniateur, à de forts dommages. Cet arrêt fut rendu aux acclamations de la France entière, indignée d'une aussi atroce persécution contre les trophées de la fidélité, et de la lâche complaisance d'un maréchal. On touchait alors à l'ouverture de la session. On espérait que les Chambres, déjà fortes du préjugé d'un arrêt aussi juste, aussi solennel, s'empresseraient de faire justice

à leur tour du criminel artisan de tant d'horreurs. Pourquoi faut-il que les espérances aient
été déçues, et qu'une trop longue tolérance ait
préparé tant d'autres forfaits? Nous n'aurions
pas à gémir sur une horrible catastrophe, nous
ne serions point exposés à tant d'audace, à de
si imminens dangers, si le protecteur des doctrines subversives, de tous les entrepreneurs de
révolution, avait été frappé par un acte d'accusation et précipité dans les cachots!

Il est donc démontré que le tout puissant
ministre avait spéculé sur la famine au profit
de Buonaparte : nous allons le voir mettre en
œuvre de nouveaux moyens de compromettre
la légitimité.

Les hommes réfléchis, accoutumés à obser-
ver les causes et la marche des événemens,
avaient remarqué, non sans quelqu'inquiétude,
l'initiative prise par les libéraux pour obtenir
le renvoi des troupes étrangères. Tout en gé-
missant du joug de cette humiliante tutelle, les
meilleurs Français pouvaient redouter que la
retraite prématurée ne compromît l'existence du
trône constitutionnel et de la légitimité. On se
méfiait avec raison des auteurs de cette proposition, si éminemment nationale ; le passé n'é-
tait pas une garantie rassurante de l'avenir ;
c'était le cas de s'écrier : *Timeo danaos et dona
ferentes!* Ces vieux tacticiens, encouragés par
de grands exemples, spéculèrent habilement
sur l'honneur français, qu'on n'invoquera jamais en vain ; ils firent sonner très-haut les mots
magiques de gloire, d'indépendance nationale ;

l'étincelle électrique se communiquant avec la rapidité de la foudre, toutes les têtes furent exaltées, tous les cœurs embrasés. Les puissances, frappées de cet élan sublime, universel, retirèrent leurs troupes ; les libéraux, en se séparant de cette surveillance armée, acquirent ainsi une immense popularité et une influence colossale. Que manquait-il à leur triomphe et à ses conséquences ? Le renvoi d'un ministre qui avait bien à revendiquer une partie de la gloire du succès, mais dont l'austère probité, le désintéressement à toute épreuve repoussaient tout espoir de l'engager dans l'infernale ligue ; il fut déplacé, et l'on vit, pour la première fois, un heureux négociateur renvoyé et magnifiquement récompensé. La nation voulut le dédommager du scandale et de l'ingratitude de sa disgrace, due à un rival ambitieux et perfide.

Dès les premiers momens de l'évacuation du territoire *et de l'épuration* du ministère, quelle fut la conduite des libéraux, directeurs exclusifs du favori ? Ils attaquèrent, sans pudeur, sans mesure et sans ménagement, toutes les bases de l'ordre social, c'est-à-dire le trône, la légitimité, la propriété.

Le trône : en disloquant l'armée, en y introduisant des ennemis acharnés, en provoquant par toute sorte de moyens directs et indirects le renvoi des Suisses, en envoyant la garde royale aux frontières, en traînant dans la boue les royalistes, sans cesse présentés au peuple dans des gravures, des manifestes virulens, comme *des étrangers*, comme un parti toujours vaincu, qu'on serait obligé de réduire à la condition d'ilotes.

La religion : comme une superstition honteuse, indigne d'entrer dans la législation ; ses ministres comme des hommes dangereux auxquels la nation ne devait accorder aucun moyen d'exister ; ses missionnaires comme des monstres auxquels il fallait interdire en quelque sorte l'air, l'eau et le feu, quoiqu'il n'ait été fait contre eux aucune dénonciation motivée.

La propriété : en faisant concourir avec elle dans la très-démocratique loi des élections, la propriété factice ou réelle d'un négociant postiche qui prenant une patente de 300 fr. usurpait, moyennant l'avance d'un douzième, l'exercice du droit électoral qu'il abdiquait après la session du collége.

Certes il fut aisé de voir le motif secret de l'honorable demande de la libération du territoire. Quel était-il ? le renversement du trône démantelé ; une nouvelle proscription de la légitimité, dont la présence est un acte d'accusation permanente des innombrables attentats qui l'ont si cruellement mutilée. On vit chaque jour s'accroître dans une effroyable progression l'audace impie et régicide des libéraux, contre cette famille auguste, si intéressante par ses longs malheurs, si respectable par les bienfaits qu'elle répand ; les plus horribles soupçons furent répandus contre un prince aimable, sensible et bon, qui reproduit l'âme *du Béarnais*, embellie par deux siècles de civilisation.

Il fallait un éclat pour donner de la consistance à l'influence, à la dévorante soif de régner qu'on lui supposait ; le coup fut frappé, la France vit avec un douloureux effort ce prince perdre le commandement de la garde nationale, si fière et si digne d'un chef aussi auguste.

Qui peut-on accuser de la longue tolérance de ces incendiaires productions, de l'impunité de leurs auteurs ? Le ministre de la police ? Qui peut-on accuser de cette destitution, preuve des plus odieuses calomnies, présage affreux des plus sinistres catastrophes ? Le ministre tout puissant qui a fait un si épouvantable abus de la confiance d'un monarque, accablé par l'âge et les infirmités.

Et tandis que ces horribles symptômes se manifestaient de toutes parts, la tribune nationale retentissait de rugissemens plus horribles encore. Un député déclarait qu'il n'était pas venu pour défendre le roi, un autre dans sa fougueuse impatience d'éliminer la dynastie, invite le peuple à se sauver, un autre lui reproche d'avoir donné sa démission, un autre dont la fortune très-accrue dans les malheurs publics, lui a infusé la soif des dignités, bien soufflé par un Démosthène des cent jours qui met à la vérité un haut prix à ses leçons, a osé dire et invoquer, comme exemple, que la révolution anglaise n'avait pu s'asseoir que par l'expulsion des Stuarts. L'insensé ne prenant conseil que de sa vanité, il ne prévoit pas qu'après avoir été le croupier du parti, il en sera la victime ; qu'il voye le sort du duc d'Orléans et qu'il frémisse! Les exemples fameux ne me manqueraient pas. Que nous présage cette masse de faits étroitement liés? Si la légitimité succombe, la famille du corse, ou la république fédérative avec une présidence élective, ou le régne d'un heureux grenadier; dans tous les cas, troubles, déchiremens, guerre civile et étrangère. Telle est l'action réciproque du parti sur le favori, et du favori sur le parti. Tel est l'avenir de la France.

Après avoir vu M. de Cazes essayer vainement de ramener à main armée ses anciens patrons, nous allons le voir, toujours lâche instrument de la faction libérale, s'associer à ses attentats contre la famille royale, dont l'extinction ferait revivre ses coupables projets.

Le fait que je vais publier, est également frappant par le fond et les détails. S'il n'a pû avoir sa place dans les rapports faits sur le crime *isolé* de Louvel, il pourra figurer dans la conspiration générale, dont un honorable député forme le large et horrible tableau.

Le plus intrépide défenseur de M. de Cazes, son beau-père lui-même, n'en pourrait nier, ni l'évidence, ni les conséquences. Voici ce fait, rapporté par divers témoins, entendus par MM. les Juges-instructeurs de la Cour de MM. les Pairs.

M. Lefèbvre D.... était commandant de gendarmerie à Metz, où il résidait avec l'une de ses parentes.

Un juif....., fournisseur des chevaux pour l'arme de la gendarmerie, avant 1814, et ayant connu cette famille à Metz, vint à Paris, en mai 1816. Il fit à la parente de ce commandant de gendarmerie, qui s'était fixée dans la capitale, une visite qui dura trois heures, pendant lesquelles il lui adressa diverses questions, avec une affectation marquée qui lui annonçait toute autre chose que la sollicitude de l'intérêt et de la fidélité. Il croyait pouvoir parler librement à cette dame, ruinée par les deux invasions des étrangers, et qui, par conséquent, devait, dans sa pensée, être ennemie de la dynastie.

« Que font les Bourbons? chassent-ils ? fréquentent-ils les spectacles? à qui donnent-ils leur confiance? quelles précautions prennent-ils pour leur sûretés? Cette famille ne régnera pas long-temps ; elle est perdue ; elle sera égorgée, et *l'assassinat commencera par le duc de Berri*, comme militaire, plus jeune, et pouvant donner *des rejetons à la race.* »

La dame dissimula son émotion; elle montra quelque doute. Le juif avait l'habitude de porter un gros porte-feuille dans la poche gauche de son habit, il le tira. Puis il montra et ouvrit un porte-feuille, couvert d'un drap gris, placé sur ses reins, entre son habit et sa veste ; il en détacha quelques pièces pour prouver le complot qui *existait* contre la famille royale. A la vue de l'une de ces pièces, cette dame s'écria vivement : *Ah ! je connais cette écriture.*

Le juif, craignant d'avoir compromis un complice, resserra ses papiers, renferma son porte-feuille, et disparut comme un éclair. Vainement cette dame courut-elle après lui, il était déjà loin.

Elle croit devoir faire part, dans l'instant, de cette importante conversation à un grand seigneur. Sa première lettre fut promptement suivie d'une seconde. Toutes deux furent portées par le commandant, son parent, qui vivait dans sa maison.

A la vue d'une pareille révélation, le seigneur dit : Allons ensemble chez M. le comte de Cazes ; il sera, sans doute, frappé de cette découverte.

S. Exc. parut également satisfaite des renseignemens qui lui étaient donnés, et de l'empressement avec lequel ils lui avaient été transmis.

Mais, est-il bien possible, disait l'hypocrite M. de Cazes, de croire à tant d'horreurs ? Je garantis sur ma tête, répondit le commandant, que si Votre Excellence veut m'en donner l'ordre, sous une heure, je lui amène le juif, le porte-feuille et les papiers. Le juif loge à Paris, rue ...., n°. 5, s'il a quitté Paris, je l'arrêterai sur la route, ou dans Metz où il réside, s'il a trop d'avance sur moi.

Tout autre ministre aurait donné sur-le-champ cet ordre si important, si désiré. Point du tout. Le ministre se contente d'inviter le commandant à venir le lendemain.

Le reste de la journée paraît un siècle à ce digne militaire ?

Enfin, le moment, si ardemment souhaité, arrive. Il vole au ministère, il est annoncé, introduit.

C'est ici que se dévoile la plus atroce perfidie qui ait jamais figuré dans les annales du crime ! Lisez , et frémissez. Que croiriez-vous que remet M. de Cazes au commandant ? *Un passe-port pour se rendre* SUR-LE-CHAMP *à Orléans.*

Quel coup de foudre pour ce fidèle serviteur !

Ce n'est pas tout encore ; le militaire est forcé d'obéir *sur-le-champ* à l'ordre ministériel. Il arrive à sa destination. Il est appelé par son nom à la descente de voiture , et c'est un commissaire de police qui le nomme, lui demande son passe-port, lui défend de quitter la ville , sans le faire viser.

Quelle affreuse conduite ! quelle infernale précaution !

Le juif reste libre de renouer ses trames , il n'est pas inquiété , il conserve ses papiers , et le militaire , ce digne Français , qui a fait une révélation si importante à la conservation de la famille royale , est en exil , en surveillance , à trente lieues de Paris , et quatre-vingts de Metz.

Ce qui doit augmenter encore l'horreur et les regrets de tout bon Français, c'est que ce juif avait d'intimes liaisons avec un sieur Worrhaye , sellier à Metz , chez lequel travaillait le trop fameux Louvel.... (et le nom Louvel avait échappé à la langue indiscrète du juif). Ce Louvel , ce monstre a déclaré qu'il mûrissait, *depuis quatre ans*, son projet d'extermination de la famille royale , à *commencer par M. le duc de Berri.* Et la scène révélée qui a eu lieu il y a quatre ans, par le juif, annonçait que, dès cette époque , c'est-à-dire, depuis quatre ans, le massacre de la famille royale , à commencer par

par le duc de Berri, était arrêté, et qu'il en avait les preuves dans son porte-feuille.

Mêmes détails, et toujours M. le duc de Berri à la tête des victimes, pour éteindre la race ! Quelle coïncidence !

Si le ministre n'était pas un conspirateur, il aurait fait son devoir ; le juif et les papiers auraient été saisis, beaucoup de complices, Louvel lui-même, sans doute, auraient pu être arrêtés ; il aurait épargné à ce monstre un grand forfait, à la France une éternelle douleur, une perte irréparable.

N'avez-vous pas fait, ministre traître à Dieu et au Roi, assez de mal à la patrie, en déchaînant les apôtres du libéralisme contre l'autel et le trône ! Fallait-il encore que sous l'égide de votre autorité, des assassins puissent librement préparer, consommer leurs crimes, et que votre carrière ministérielle, déjà si fatale à la France, reçût par l'assassinat d'un Bourbon, la seule flétrissure qui lui manquait !... Si vous n'êtes pas encore inaccessible au remords, votre supplice a déjà commencé ; le sang de l'auguste victime, la douleur de l'infortunée princesse, les alarmes de la famille royale, l'exécration de la France vous poursuivent sans cesse, en attendant le jour marqué par la justice, pour l'expiation.

Enfin, après tant de complots, de tentatives, de révélations repoussées, la victime dès long-temps désignée, tombe sous les coups de l'assassin dont les principes, à Metz, pouvaient être si bien connus, de l'assassin qui, par son assiduité constante aux environs de Saint-Cloud,

B

pendant le séjour de la cour (en août 1819 *) et les promenades de monseigneur le duc et de madame la duchesse de Berri à Bagatelle, éveilla la sollicitude de tous les habitans, hors celle de M. de Cazes, qui, bien gardé à Madrid par des gendarmes, n'exerçait aucune surveillance sur la famille royale.

Toutes les bienséances, toutes les considérations réunies faisaient à ce dictateur insolent un devoir impérieux d'abandonner un poste que depuis long-temps il avait déshonoré, duquel l'a repoussé à jamais le sang du prince immolé, sinon par sa complicité, au moins par sa négligence. Il brave à la fois l'expression de la douleur publique, la désolation de l'inconsolable princesse, celle d'un père au désespoir, d'un frère éperdu, de la céleste fille de Louis XVI, qui, après tant d'infortunes, se flattait en vain d'avoir épuisé la coupe du malheur ; d'un monarque déchiré par les plus cruelles angoisses, les plus affreux pressentimens ; mais plusieurs victimes manquent aux conjurés ! Veut-il absolument que, sous son autorité encore, ils abattent les augustes débris échappés à la rage révolutionnaire !..... Veut-il accréditer ces bruits si souvent répétés, qu'il ne reste que pour remplir les sermens du crime !

Cependant, un cri accusateur avait retenti

* Époque à laquelle un père de famille, assassiné, a été conduit chez le maire de Passy, et a dit en mourant : *Ils m'ont tué, parce que je n'ai pas eu le courage de commettre un crime..... un crime affreux !*

dans la tribune nationale ; il avait été accueilli avec transport par l'opinion publique.

La plus auguste, la plus infortunée des familles fait éclater la plus légitime horreur.

Le tenace ministre ne peut plus résister à ce débordement d'indignation générale ; il est dévoré par le regret de ne plus pouvoir protéger de nouveaux forfaits.

Il part, mais ses lieutenans sont à leur poste, mais ils ont tous les fils en main, mais ils sont façonnés aux conspirations ; ils sont pleins de l'esprit de leur chef, l'homme funeste est toujours présent par son influence, leur expulsion seule peut la paralyser et faire découvrir des manœuvres bien criminelles. Ne prendra-t-on jamais cette mesure si nécessaire, si propre à couper bien des fils de cette odieuse trame ? N'a-t-il pas laissé son beau-père si bien disposé à servir contre la légitimité, témoin sa trop fameuse proclamation du 15 avril 1815, aux habitans de la Haute-Garonne, dans laquelle il s'est proclamé l'interprète de la divinité pour proscrire les Bourbons ?

En voici un horrible passage : *La famille des Bourbons est perdue sans ressources. C'est par la force des choses que l'antique trône des Bourbons est tombé : il faut se rallier à un chef qui a su et saura faire respecter la France ;* DIEU LE VEUT.

On s'étonna dans le temps du mariage de sa fille avec le parvenu ; on l'attribua à diverses causes, sans démêler la véritable. C'est la haine commune de la légitimité qui forma cette alliance ; sans cela, pourrait-on expliquer comment un homme portant un beau nom, ayant l'honneur d'appartenir à une maison souveraine, a pu se dégrader par une si honteuse mésalliance.

Aussi, voyez l'imperturbable et croissante audace des libéraux : leurs écrivains soulèvent en France et dans l'Europe entière tous les fermens révolutionnaires, pour fortifier la haine de la légitimité, jusqu'à ce qu'enfin la grande explosion vienne combler leurs vœux et leurs crimes.

Les forfaits se multiplient...... Quelques militaires pervertis par les ennemis des Bourbons avaient déjà formé l'horrible projet d'assassiner leurs AA. RR. Monsieur et Mgr. le Duc d'Angoulême pendant une revue de la garnison de Versailles. Le complot fut révélé, des dépositions faites. M. le colonel de Virien en resta dépositaire. Pendant l'absence de ce militaire fidèle, on enleva dans son cabinet toutes les pièces relatives à l'attentat. Qui a fait disparaître ces pagiers si importans ? Qui a empêché de suivre l'instruction ? M. de Cazes, répondez !..... (1).

Un garde de Monsieur est atteint d'une balle dirigée par des Séides retranchés derrière des palissades. L'arme trouvée ne laisse aucun doute, ni sur les directeurs du crime, ni sur leur but : une inscription annonce une guerre d'extermination contre les royalistes.

Des boîtes placées près des appartemens de

---

(1) Un capitaine a été entendu sur ces faits positifs par la commission de la Cour des Pairs....

(21)

l'infortunée veuve, éclatent au milieu de la nuit pour la faire avorter dans les commotions de l'effroi ; infernale conception inconnue dans les annales des grands crimes, pour donner la mort au germe qui n'a pu encore recevoir la vie !

S. A. R. Monseigneur le duc d'Angoulême fait une tournée dans plusieurs départemens, le rameau d'olivier à la main ; partout, négociateur pacifique, il sème sur ses pas les bienfaits, les promesses les plus conciliatrices, pour ramener l'opinion faussée, pour calmer les passions. Une exaltation funeste, des cris séditieux, dans une ville où M. de Cazes a essayé un plan de conspiration, où son auxiliaire, le comité directeur, a fait faire des scrutins pour placer dans la Chambre le *principe* Grégoire ; voilà ce que le prince auguste recueille ! Les lâches ! Ils avaient cru que S. A. R. serait effrayée ; qu'ils avaient mal jugé son cœur ! Calme et ferme, Monseigneur le duc d'Angoulême observe les mouvemens, ordonne avec sang - froid les mesures qu'exigent les circonstances, et prolonge son séjour jusqu'à l'exécution. Les factieux ont préparé un coup de main près le bois de Saint-Amand, sur la route de Lons-le-Saunier ; les conjurés sont à leur poste : la Providence veille encore sur les jours du prince. Plusieurs prévenus sont dans les fers, et des révélations données par *Gravier-Pétard* ont mis la justice à portée d'acquérir des preuves évidentes contre les conjurés.

Si je vais à la Chambre des Députés, les sinistres pressentimens s'aggravent encore. J'y vois une partie des législateurs qui avaient figuré sur les mêmes siéges à l'affreuse époque des cent jours : leur rage contre la dynastie se montre à tout instant, leur marche est dès long-temps suivie avec une constance infatigable.

Dès son début, le côté gauche a manifesté son délire révolutionnaire, sa fureur contre les Bourbons. Le discours du trône annonce-t-il l'intention de modifier quelques lois dont les résultats ne sont que trop connus, et de fermer l'abîme de la révolution, la plus violente irritation éclate contre ce dessein paternel, et, pour comble de scandale, peu s'en est fallu que, pour la première fois, l'adresse d'usage n'ait point été envoyée : elle fut assez long-temps après emportée d'assaut, et perdit ainsi le mérite de l'à propos. Le reste de la session a été bien digne de ce honteux début.

Si un régicide, que dis-je, un prêtre à la fois *anté* et *ultrà*-régicide, est élu, ils proclament son élection avec ivresse ; la proposition de l'indignité est-elle faite ? Ils jettent des cris de rage, ils le soutiennent avec fureur jusqu'au moment où une exclusion solennelle le rejette, et condamne en sa personne le forfait du 21 janvier. Leur désespoir retentit encore long-temps après dans les feuilles libérales.

Pour paralyser d'avance les intentions manifestées dans le discours du trône, ils ravivent la vieille tactique des pétitions, que l'on devait croire usée, après l'aveu officiel provoqué par M. Courvoisier, «qu'elles émanaient toutes d'un comité directeur séant à Paris, et dont les ramifications enveloppaient la France. » Par une tenacité sans exemple, ils ont condamné la Chambre à entendre de longs et sophistiques rapports, malgré plusieurs ordres du jour contre ceux qui les avaient précédés; mais cette persévérance remplit toujours leur but, celui de donner des scènes de scandale et d'augmenter la fermentation.

Plus tard, la licence effrénée des écrivains révolutionnaires sous couleur libérale, avait fait sentir la nécessité de mettre un frein à tant d'audace. Une loi avait été préparée; avant sa présentation un crime affreux est commis, la douleur publique se manifeste sur tous les points de la capitale. Il était naturel de penser que les doctrines subversives avaient armé le bras de l'assassin; il était urgent, indispensable d'en tarir la source pour prévenir de nouveaux forfaits. La loi est présentée, le crime était récent, atroce; d'après les déclarations de Louvel, il n'était que le prélude de nouveaux holocaustes. Ces rigides, ces religieux observateurs de la charte dont ils rejettent l'auteur (1), ne s'occupent ni de la catastrophe, ni du crime que pour le prétendre isolé; ils ont l'air de trembler pour

----

(1) On n'a pas oublié qu'après beaucoup de protestations et de profession de foi en faveur de la Charte, plusieurs journalistes, frappés de l'affectation avec laquelle les libéraux évitaient d'y comprendre le Roi, les sommèrent de déclarer si ces sentimens de fidélité et d'attachement s'étendaient jusqu'au monarque. Après un silence de plus de six mois, une je ne sais quelle pudeur leur fit enfin déclarer qu'il lui était commun; personne n'en fut la dupe.

nos libertés, ils veulent l'audace et l'impunité de leurs écrivains, ils veulent qu'on puisse toujours exalter les passions : le sang de la victime fume encore, on l'invoque ; leur hypocrite et sèche douleur jette sur sa tombe quelques fleurs décolorées, mais ils opposent la plus vive résistance à l'adoption d'une loi dont un grand forfait pouvait faire absoudre l'inconstitutionnalité. Cependant les fiers romains dans des momens de crise, voilaient la statue de la liberté, qu'ils idolâtraient ; et l'Angleterre, cette terre classique de la liberté, sait aussi suspendre l'*habeas corpus*.

Beaucoup d'autres séances pourraient encore ajouter à ces observations ; mais pour ne pas trop prolonger cette hideuse nomenclature, je passe à la fameuse discussion sur la pétition de M. Madier de Monjau. Comme elle a fourni une ample moisson de scandale, et qu'elle a parfaitement dévoilé la tactique et l'arrière-pensée déjà très-connues du parti, elle mérite des détails et des développemens, qui à l'aide de quelques souvenirs, prouveront l'existence des machinations qui préparèrent le 10 août. Les libéraux, dans la carrière du crime, n'ont pas le cruel honneur de la création ; imitateurs serviles, ils se traînent avec une féroce platitude sur les traces de leurs prédécesseurs.

M. Madier de Monjau, conseiller à la Cour royale de Nîmes, a adressé à la chambre, contre tous les usages, toutes les bienséances publiques, une pétition dans laquelle, après avoir gémi sur les attentats dont cette ville fut le théâtre en 1815, et dont on n'a pu obtenir justice, il dénonce certaines circulaires propres à ramener les mêmes catastrophes, et à démontrer l'existence d'un gouvernement *occulte* plus puissant que le gouvernement ostensible. Il est bien étrange que ce magistrat, familiarisé sans doute avec les lois et les formes, n'ait pas dénoncé ces faits à la Cour dont il est membre, ou au gouvernement, très-intéressé à connaître et à détruire cette puissance invisible qui le paralyse. Ce déclinatoire doit paraître très-injurieux et à ses collègues et au gouvernement, car c'est la preuve la plus insultante de sa défiance pour ces deux autorités. Mais il a cédé avec ou sans intention aux inspirations d'une puissance malheureusement trop réelle, trop visible, à laquelle un ministre pervers a donné la plus redoutable influence, puissance qui a besoin de scandale et de fermentation pour la sanglante tragédie dont le premier acte a eu lieu le 15 février... IL NOUS FAUT CINQ TÊTES, tel est le cri de la faction.

Analysons ces circulaires aprocryphes, et après avoir démontré leur inanité, nous jetterons un coup-d'œil sur la discussion qu'elles ont produite, sur la conduite des libéraux qui y ont tour-à-tour déployé une audace et une impudence bien remarquables.

La première de ces circulaires sous le n°. 34, adressée par le comité directeur de Paris, dit le pétitionnaire, portait: « Ne soyez ni surpris, » ni effrayés, quoique l'attentat du 15 février » n'ait pas amené la chûte du favori ; agissez » comme s'il était déja renversé, nous l'arra-» cherons de ce poste, si on ne consent pas à

» l'en bannir. En attendant, organisez-vous, les
» avis, les ordres et l'argent ne vous manque-
» ront pas. »

Deux jours après on en reçoit une seconde,
et dans cet intervalle, dit-il, des signes de rail-
liement reparurent, des menaces atroces furent
proférées dans des lieux publics.

« Nous vous demandions, il y a peu de jours,
» une attitude imposante, nous vous recom-
» mandons aujourd'hui le calme et la réserve
» le plus soutenus. Nous venons de remporter
» un avantage décisif en fesant chasser Decazes;
» de grands services peuvent nous être rendus
» par le nouveau ministère, il faut donc bien
» se garder de lui montrer des sentimens hos-
» tiles. Nous vous le répétons, du calme, le
» plus grand calme.

» Il faut diriger tous vos soins vers les adres-
» ses. Il est très-fâcheux que sur ces points les
» libéraux nous ayent prévenus, et que leurs
» adresses soient rédigées avec une infernale
» habileté. Cela prouve de plus fort combien
» ce parti doit s'entendre d'un bout de la
» France à l'autre. Il faut que nos adresses
» soient nombreuses; faites-en jusques dans les
» hameaux, et qu'à côté du sentiment de dou-
» leur, se trouve énergiquement exprimée la
» nécessité de venger un attentat et *d'anéantir*
» *les doctrines libérales.* »

Le pétitionnaire observe qu'il a la certitude
que « cette circulaire est partie le même jour
» pour les départemens. Les ministres, assure-
» t-il, savent par qui ces lettres ont été portées

» à Nîmes, et il est prêt à articuler *le nom*
» *de l'auteur devant les tribunaux.*

En janvier dernier, ajoute M. Madier, il
se tint « un conciliabule dans lequel on con-
» vint d'une inspection secrète de la garde na-
» tionale, et de dispositions pour obtenir le
» changement de la garnison, dont le bon es-
» prit des chefs, et la discipline des soldats
» avaient jusqu'alors maintenu la tranquillité
» dans cette ville et dans le département du
» Gard. Mais il fut assez heureux pour infor-
» mer M. le ministre de la guerre des tentatives
» qui seraient faites près de lui pour arriver à
» ce but, et cette fois la garnison ne fut pas
» changée, elle le fut après le 13 février. »

Telle est la substance de cette pétition ex-
traite du rapport de M. Saulnier.

La première réflexion qui se présente est cel-
le-ci : comment se fait-il que M. Madier, qui
doit savoir qu'une pièce anonyme n'aurait pu
un moment fixer l'attention d'un tribunal, n'ait
pas senti l'inconvenance de la présenter à la
chambre des députés comme preuve d'une riva-
lité dangereuse pour le gouvernement ? Mais
on voulait avoir un texte pour parler d'une
puissance invisible, et en faire le sujet d'une
dénonciation portant directement sur une famille qu'on veut dépouiller de son héritage par
la calomnie et les défiances (1).

Quel est donc ce comité directeur de Paris ?

---

(1) Si M. Madier a cru à l'existence de ces pièces,
s'il les a jugées contenir des faits réputés criminels par
la loi, il a dû, aux termes des articles 103 et 104 du

Quelle preuve offre-t-on de son existence? Ne serait-elle pas aussi équivoque que la lettre anonyme? On avait bien eu connaissance, dans la dernière session, d'un comité directeur d'adresses, par la déclaration de M. Courvoisier; le fait fut avoué par M. Decazes lui-même qui dit à la tribune : *il est connu et par conséquent méprisé*,... le mépris de M. Decazes!.... Et la chambre eut la bonhomie de se contenter de cette garantie d'un ministre qui avait lui-même si grand besoin de garantie!... Du moins peut-on parler avec assurance de celui qui a été officiellement avoué, quant au comité que signale M. Madier, il est prudent d'attendre des preuves. Il est cependant bien digne de remarque que ce prétendu comité ait déjà lancé 35 circulaires, sans qu'on ait soupçonné son existence.

Au reste, de quoi s'agit-il dans ce n°. 34? Quel est le grand intérêt qu'il poursuit? La chûte du favori. Et comment l'organisation de Nîmes aurait-elle pu le renverser? Eh! pourquoi tant de fracas, de promesses, d'avis, ordres et argent, puisqu'on était *sur de l'arracher de son poste si on ne consentait pas à l'en bannir?*

D'ailleurs à cette époque, si d'une part, le favori faisait bonne contenance, il paraît qu'il ne comptait pas sur une longue existence ministérielle, puisqu'il était très-notoire qu'il

---

Code pénal, en faire la révélation à l'autorité constituée, et non pas à la Chambre des députés, qui n'est pas une autorité compétente, sous peine de la réclusion.

vendait ses propriétés dans trois départemens, et qu'il brûlait tous les jours des papiers au ministère. Cette notoriété rendait encore plus inutile l'organisation dite provoquée à Nîmes.

Après l'arrivée de ce bulletin, des signes de ralliement reparurent, des menaces atroces furent proférées dans des lieux publics,... et tout cela sans que les magistrats ayent fait la plus petite information contre les auteurs ! Il faut avouer que M. Madier est en bien mauvaise compagnie. Que ne la quitte-t-il? Je ne suis plus étonné qu'il n'ait pas voulu leur adresser sa plainte. Cela me rappelle une petite anecdote qui égayera ce triste sujet.

« Un je ne sais quel intendant visitait un bagne. Tous les forçats furent successivement interrogés sur les motifs de leur condamnation ; tous, à l'exception d'un seul qui se tenait à l'écart, étaient d'innocentes victimes de l'arbitraire ou de l'erreur. Ce dernier est appelé ; il confesse ses torts avec candeur, et avoue qu'il a bien mérité sa peine. Chassez-moi ce coquin-là, dit l'intendant, il ferait tort à ces braves gens. » — Passons au n°. 35.

Il annonce la victoire décisive remportée sur M. de Cazes, recommande le calme, le plus grand calme, et veut qu'on ne montre pas des sentimens hostiles contre le nouveau ministère qui peut *nous* rendre de grands services. Il demande de nombreuses adresses dans lesquelles, « à côté du sentiment de douleur, se trouve » énergiquement la nécessité de venger un at- » tentat et d'anéantir les doctrines libérales. »

Certes la recommandation du calme ne me paraissait pas digne de la colère du magistrat dénonciateur, non plus que celle d'une attitude amicale pour le ministère dont on attend de grands services. Je ne sais qui désigne le mot *nous*, puisque M. de Cazes a fait du mal à tant de monde, et qu'il a reçu le feu de tous les bords; cependant je conviens que comme il a été le plus acharné persécuteur des royalistes, ce sont eux qui ont le plus à espérer. Ceci sans tirer à conséquence, car ce n'est pas un aveu.

Ce qui suit pourrait encore leur convenir : « exprimer à la fois un sentiment de douleur, demander vengeance de l'attentat et l'anéantissement des doctrines libérales. » Ces trois senti-mens, les deux premiers surtout doivent être dans le cœur de tous les français. Mais l'horreur pour les doctrines libérales a besoin d'un commentaire. Il est bien vrai que dans son ancienne acception, ce mot ne présentait que des idées nobles, généreuses et élevées ; mais combien il est déchu depuis qu'il est devenu le signal des principes les plus subversifs de l'ordre social ; à qui la faute ? A ceux qui en ont fait un si détestable abus. C'est ainsi que les factieux qui les ont précédés dans la carrière avaient fait du beau titre de citoyen,

Des plus cruels tyrans la plus cruelle injure.

Les ministres, ajoute M. Madier, savent par qui ces lettres ont été portées à Nîmes, et il est prêt à articuler *le nom de l'auteur devant les tribunaux.*

Eh quoi ! M. Madier, vous êtes prêt à articuler devant les tribunaux le *nom d'un auteur* qui a si fort allumé votre courroux ; et vous vous adressez à la chambre ? Pourquoi tant de détour et de délai ? N'était-il pas plus simple et plus prompt de vous adresser de prime abord aux tribunaux auxquels vous deviez annoncer cette importante révélation ? Depuis la mystérieuse conduite de M. Bignon qui singea si bien la mystérieuse héroïne de Rhodez, je me défie fort des mystères. Je me rappelle que l'honorable membre annonça très-pompeusement la révélation d'un secret terrible, et qu'il le garda très-obstinément malgré des défis nombreux et solennels. Les mystères seraient-ils venus à la mode ?

Au reste, c'est peut-être donner trop de consistance à un écrit anonyme ; attendons le mot de l'énigme, il viendra peut-être. Avant cela, comment être sûr de la paternité ? Ce ne serait pas la première fois qu'un parti aurait, sous le voile de l'anonyme, publié un libelle contre lui-même, pour en accuser les adversaires après une *journée.* Combien de victimes ont été poussées à l'échafaud pour les crimes de leurs bourreaux !

Nous allons maintenant voir la tragi-comédie de la Chambre, et les libéraux en action. Cette pétition, commandée ou spontanée, a été pour eux une bonne fortune ; ils se sont attachés avec ardeur au prétendu gouvernement invisible, cadre heureux pour ajouter aux défiances qu'ils font planer depuis long-temps sur la famille royale, défiances que M. Decazes a tant accréditées, en ravissant son chef à la garde nationale... Et il se crut un Richelieu !... Parce qu'il l'imitait dans un grand forfait !...

Plusieurs orateurs se sont distingués dans cette

perfide et cruelle attaque ; surtout M. de St.-Au-
laire, si digne de son gendre, l'inspiré St.-Au-
laire, qui, au nom de l'Eternel, avait proscrit
les Bourbons, pour offrir encore le honteux spec-
tacle d'un allié des Brunswick, noblement at-
taché à la domesticité de l'usurpateur. Reprodui-
sons les principaux traits du discours prononcé
par ce noble esclave qui brûle de reprendre son
humiliante chaîne. Après avoir retracé sans ménagement les crimes de *quelques individus* du
parti de 1815, dont il n'*accuse point les masses,
mais seulement quelques individus*, il prône
avec délices le calme de la bienheureuse époque des cent jours, et, par ce rapprochement,
met dans le beau jour son *attachement* connu
pour la légitimité ; il fait un éloge très-senti-
mental des protestans, et témoin officieux,
peut-être obligé de M. Madier, il dénonce un
gouvernement occulte et puissant, qui espère
ou reconnaît un autre roi que le Roi lui-même.
Etrange puissance, qui, *privée de masses*, ne
repose *que sur quelques individus*, et n'a pu
soutenir l'héritier présomptif du trône dans un
commandement honorable, mais sans influence,
puisqu'il ne pouvait rien faire sans l'attachement du Ministre de l'Intérieur ; que dis-je,
ah ! j'ai presque l'air de justifier ce prince....
Loin de moi, cette idée... son nom et son cœur
suffisent pour repousser toutes les attaques de
la calomnie !.... L'orateur, après s'être porté
pour caution pleine et entière du dénonciateur
et déclaré sur son honneur.... Son honneur !....
que M. Madier est homme de sens, de courage, qu'on ne peut trop apprécier la pureté

de

de ses intentions et le mérite de son dévouement n'est pas d'accord avec lui. Le pétitionnaire désigne un ancien ministre, comme l'*auteur* des deux circulaires. Je crois, dit M. de
Saint-Aulaire, que *c'est une erreur*, et je déclare (sans doute encore sur son honneur) que
le jugement qu'il porte sur ce *ministre* n'est pas
conforme à celui que je porte *moi-même*.......
Vous êtes orfèvre, M. Josse...Cependant pourquoi M. de Saint-Aulaire annonce-t-il si froi-
dement une pareille dissidence, pourquoi ne
somme-t-il point le dénonciateur de nommer le
ministre, auteur des circulaires? Il lui importe
plus qu'à tout le monde de connaître la main
qui les a tracées ? Espérons que cette affaire
sera éclaircie, et que M. Madier ne sera pas
aussi impénétrable que M. Bignon.

D'autres orateurs ont successivement com-
menté l'heureux texte du gouvernement occulte
et exploité ce vaste champ des plus criminelles
espérances. M. Devaux s'est distingué par une
véhémente éloquence, des tableaux affreux,
des assertions perfidement hasardées, des pressentimens et des conséquences dont l'horrible
exagération a dû détruire l'effet.

Le général Sébastiani, envoyé par M. de
Cazes, comme président du collége électoral
en Corse, avec de *grands* pouvoirs, se rue à
son tour et avec violence contre le gouvernement *invisible* qu'il *voit*, dit-il, dans la fameuse *note secrète*, produite par M. de Cazes
pour y échafauder une conspiration. (Malheureusement *cette note secrète* prouve le contraire
de ce qu'on voulait lui faire prouver.) Il le

voit dans la marche ouverte d'un parti vers le rétablissement des privilèges et de la monarchie absolue, sans doute aussi vers la féodalité et l'inquisition suivant l'argot du parti ; il le *voit* dans le projet de la loi *conspiratrice* sur les élections, quoiqu'elle soit moins illibérale que celle qui existe encore. *Quand aura-t-il tout vu ?* Ce qu'on peut *voir* très-distinctement, c'est la crainte de ne pas avoir un nouveau cinquième arrière-ban de leur *nation* pour détruire la légitimité et rentrer en révolution.

M. B. Constant paraît à son tour, et tient l'existence du gouvernement invisible très-*prouvée* par les circulaires *anonymes*, il ne désire pas en connaître l'auteur, puisque par le plus étrange sophisme, il prétend qu'on ne peut forcer M. Madier à dire son nom. Ce *cher étranger* qui prend un si *tendre intérêt* aux destinées de la France, sent très-bien qu'il est plus utile aux libéraux de laisser les esprits dans l'incertitude, de vague et l'inquiétude, parce que, dans cette disposition, ils sont plus propres à un coup de main, à une journée semblable à celles qui *sauvaient* si souvent *la patrie* sous Robespierre.

Le bouquet de cette séance a été réservé au Démosthène d'Aix, M. Manuel, le compatriote et l'ami de Gravier-Pétard. Il s'est présenté, hérissé de pièces écrites en 1815, pour prouver l'existence du gouvernement invisible de 1820. Il a surtout produit un placard anonyme, affiché dans le même temps à Marseille. Je ne sais dans quel Code le jurisconsulte a trouvé qu'on doit une pareille confiance à des écrits sans signature, qu'on peut sur la foi de pareilles productions échafauder les accusations les plus horribles pour couvrir la France des plus cruelles alarmes.

A la fin il a montré le bout d'oreille ou l'oreille entière ; pas un fait qui prouve que l'honorable membre connaît mieux la langue des passions que les règles de la logique. Voici comment il prouve l'existence du Gouvernement occulte. Un ancien chef Vendéen, ancien directeur des contributions, avait été destitué, dit-il, pour des motifs graves, étrangers à la politique, et il reçut en même temps un traitement sur la liste civile.... Mais entre le Roi qui destitue et le Roi qui assigne un traitement sur ses fonds, où est donc le Gouvernement occulte ? Quel est donc, dans ce cas, le Gouvernement occulte si influent, si redoutable, si ce n'est le Roi ? Ou l'argument de M. Manuel ne prouve rien, ou il prouve contre le Monarque. Eh quoi ! le Roi ne pourra donner sur sa liste civile, sans prouver l'existence d'un pouvoir occulte et ennemi ? Ces Messieurs ont donc juré de calomnier tout, jusqu'à la bienfaisance. Ah ! c'est ainsi qu'on fit à l'infortuné Louis XVI un crime de ses bienfaits, et que, par la plus épouvantable barbarie, ils furent un des chefs d'accusation contre lui.

A cette attaque absurde et directe contre le Roi, le rappel à l'ordre est demandé ; l'orateur suant à froid, oppose une assurance très-voisine de l'audace, échappe à la censure, et puise dans cette étrange indulgence une nouvelle intrépidité : tel on le vit à la tribune dans les cent

jours, parodiant ridiculement Mirabeau, déclarer que, malgré l'occupation, il ne siégerait
pas moins sur les chaises curules, tel on l'a vu
dans cette journée persister dans ses Philippiques contre cet invisible Gouvernement ; c'est
ainsi que les libéraux de 1792, protestant de
leur fidélité à la Charte comme ceux de 1820,
dénonçaient l'invisible comité autrichien pour
masquer, par cette conspiration imaginaire, la
trop réelle conspiration qui, le 10 août, renversa
le trône et précipita le Monarque dans les fers.
Cette journée sera sans doute recueillie par
l'histoire, qui la placera à côté des plus mar-
quantes, des plus décisives dans les archives
des conspirations.

Telle est l'analyse de cette journée mémorable
dans laquelle l'assemblée a prononcé l'ordre du
jour au lieu de renvoyer la pétition au Gouvernement. En attendant, le parti a obtenu ce
qu'il demandait, le scandale pour maintenir la
fermentation et augmenter la défiance contre la
famille royale.

Quelques jours après la dénonciation de
M. Madier, M. Manuel a proposé, dans un
comité secret, une adresse au Roi, dans laquelle il a renouvelé les mêmes efforts vers le
même but. Un autre ordre du jour en a fait justice, et à une plus forte majorité; car la violence de l'orateur a été telle, qu'une grande
partie du côté gauche a fait une scission, en
s'écriant, *c'est trop fort.* Espérons que, malgré
tant d'audace et de forfaits, nous conserverons
cette famille, qui ne doit pas être aussi facile

à escamoter qu'une maison : *qui habet aures, audiendi audiat.*

Mais, me dira-t-on peut-être, c'est autant l'acte d'accusation des libéraux que de M. de Cazes : j'en conviens ; mais ces deux causes sont si intimement liées dans leurs élémens, leurs moyens et leur but, qu'il est désormais impossible de les désunir. Un résumé succinct va démontrer cette concordance ou plutôt cette identité.

M. de Cazes affichant un royalisme très-prononcé, surprit la confiance du Roi, qui l'éleva au ministère de la police. Il répondit quelque temps aux espérances données ; par d'allarmans rapports, il obtint des Chambres des lois d'exception, d'autre part ses instructions aux préfets étaient brûlantes contre les hommes des cent jours. Cependant la Chambre des députés ayant montré moins de docilité sous d'autres rapports, la vanité du parvenu enivré par sa fortune rapide, lui jura une guerre à mort, il la fit dissoudre ; les écrivains libéraux qui virent une chance utile dans cette dissolution, furent chargés de la déchirer ; ils remplirent avec un zèle ardent ce honteux mandat, le mot *ultrà* royaliste fut créé, il exerça à son tour une redoutable influence, il devint comme tant d'autres qualifications mal définies, un signal de proscription après avoir exaspéré les passions, et poussé quelques faux royalistes à des excès qui furent violemment reprochés par un machiavélique raffinement de perfidie, à la classe entière ; depuis cette époque, les vociférations, les calomnies lui furent prodiguées, les royalistes furent les ennemis du trône ; ses véritables appuis furent les hommes des cent jours.

Dans cette étrange confusion d'idées et d'intérêts, le favori crut l'instant propice pour faire marcher de front son ressentiment contre les royalistes, et son ardent désir de ramener ses anciens patrons. Il organise une famine ; sous les auspices de ce redoutable levier, il charge Didier, son compère et ami, d'insurger l'Isère, les libéraux, de diffamer les royalistes dont la proscription isole le trône. Ils s'acquittent tous de leur mission avec beaucoup de zèle, mais non avec un égal succès. Didier est battu, mis en fuite ; les bandes qui marchaient avec lui, *sous l'étendard tricolore, aux cris à bas les Bourbons! vive Marie-Louise*, sont pris, tués ou dispersés. Le général et ses soldats font des aveux qui ne laissent aucun doute ni sur l'expédition, ni sur les motifs ; le visir, inconsolable de cet échec, perd la tête, se venge de ce malheureux *essai* par une férocité inouie sur des enfans, sur le général Donnadieu, et par la plus révoltante contradiction, ose prétendre qu'il n'y a pas eu rébellion.

Un second *essai* sur Lyon ne réussit pas mieux, ses agens ne recueillent que la honte ; mais il fabrique une conspiration pour y envelopper le général qui avait fait triompher le drapeau sans tache : la justice venge avec éclat le militaire calomnié, plongé dans les cachots, et au secret.

Malheureux dans ses expéditions, il reprend avec d'autant plus de fureur la guerre contre les royalistes. Pour démanteler le trône, il le mine par une trop fameuse loi sur les élections qui renforce les rangs des factieux : cette loi inspire des inquiétudes à la France, à l'Europe entière. M. Barthélemy propose d'inviter S. M. à y apporter des modifications. M. de Cazes la soutient par des discours forcenés, des adresses fabriquées à Paris, par l'agitation, par des coups d'état ; les libéraux journalistes, par des déclamations virulentes, le côté gauche par des philippiques et des menaces.

Il fait faire des lois militaires pour laisser le Roi sans armée, fait envoyer grande partie de la garde royale aux frontières, et fait constamment persécuter, calomnier les Suisses, censure vivante de la trahison, pour obtenir leur renvoi.

Il s'élève au-dessus des lois pour ramener les bannis et les régicides : la France témoigne son horreur ; il fait à la tribune, ainsi que ses collègues, des déclarations consolantes, bientôt suivies de nouveaux rappels exigés par les libéraux.

Ce n'est pas assez pour sa fureur ; il emploie les fonds provenant des jeux et d'une source plus impure encore, pour calomnier au-dehors les royalistes, pour isoler le trône dont il a juré la perte, et ramener la famille du Corse.

Il remplit l'Europe de troubles, de corruption et d'alarmes, pour occuper les souverains de leurs propres dangers, et laisser les libéraux maîtres d'exploiter la France. Les provocations les plus violentes sont souvent adressées au peuple ; mais le peuple est fatigué, il a *donné sa démission*. Alors les poignards sont aiguisés, les conspirateurs sont convoqués en grand nombre, les plus horribles jactances se font entendre ; le chef de la police le sait, ne prend aucune précaution pour la garde des princes, le dernier descendant d'Henri IV est frappé. Le ministre fait comparaître l'assassin, *lui parle à l'oreille ;* et quoique des milliers d'adresses franches, spontanées, dénoncent une vaste conspiration contre les Bourbons, il fait répandre par toutes les feuilles, toutes les *renommées libéralas*, que le crime est isolé ; lui qui a dédaigné l'importante révélation du commandant de la gendarmerie, lui qui a mis en surveillance à Orléans ce fidèle serviteur, qui offrait d'amener sous une heure un principal coupable avec les preuves du complot d'extermination des princes, en commençant par M. le duc de Berri ! Quelle affreuse série de crimes ! Quand viendra donc le jour de la justice ?

La conspiration est si bien liée que, malgré son absence, elle marche rapidement et avec une cynique audace vers son but : on vient d'en avoir la preuve récente dans la séance sur le gouvernement occulte ; et peut-il en être autrement lorsque tous ses agens sont à leur poste, lorsque son beau-père, cet infâme proscripteur des Bourbons, poursuivi devant la Chambre pour la restitution de quelques millions, le représente si bien auprès des libéraux pour tuer moralement la famille royale, en attendant de nouveaux Louvel pour de nouveaux holocaustes ? Quelle effroyable perversité, grand Dieu ! Eh quoi ! la France, mu-

tilée, expirante, n'a-t-elle que l'affreuse pers-
pective de nouveaux orages? Et pour quels
intérêts? Pour ceux de quelques enfans perdus
de la révolution, aux forfaits desquels s'iden-
tifient, par vanité, des hommes qui n'y ont
pris aucune part. Et que faisaient pendant la
domination du Corse ces modernes Brutus, ces
fiers défenseurs de nos libertés, qui menacent
si constamment, si audacieusement nos princes?
Ils rampaient bassement dans ses antichambres,
pour être flétris par ses faveurs.

Et s'il manquait encore quelque chose aux
évidentes preuves d'une vaste conspiration, ne
trouverions-nous pas cet affreux complément
dans les affreux débats sur la loi des élections
et leurs funestes suites? Cette trop fameuse
discussion fournira sans doute à l'histoire un
épisode bien caractéristique des libéraux de
1820, ces exécuteurs testamentaires des féroces républicains de 1793. Esquissons le tableau de cet épouvantable drame, qui a commencé sous de sanglans auspices, dont les
développemens ont démontré la plus dévorante
soif de s'emparer violemment du pouvoir, et
dont la catastrophe trop prévue ne tendait à
rien moins qu'à renverser la légitimité, qu'à
replonger la France et l'Europe dans les horreurs d'une nouvelle conflagration. Nous verrons tour à tour en action ce que la rage
contre les Bourbons a de plus atroce, ce
qu'une ambition usurpatrice a de plus criminel, ce que la scélératesse la plus invétérée
a de combinaisons perfides et féroces; nous
verrons à la tribune d'audacieux tribuns, en-

core flétris des stygmates des cent jours, entasser des accusations dont l'atrocité seule pouvait égaler l'invraisemblance, les sophismes les plus révoltans, les provocations les plus séditieuses, répandre les alarmes les plus désolantes, appeler d'insolentes et factieuses clameurs pour préparer un nouveau 10 août. Et nous retrouvons toujours la coupable influence du favori déchu, qui du fond de sa retraite dirigeait ces criminelles agitations, et a vérifié ainsi l'horoscope fait par M. de Châteaubriant. *Le malheureux*, s'écriait l'illustre pair, *s'agitera dans le fond de l'abîme, jusqu'à ce que l'abîme se referme sur lui.* Mais l'iniqu té s'est mentie à elle-même ; le Gouvernement, trop éclairé sur ses dangers, sur ceux de la patrie, a déployé un grand appareil militaire, les artisans, les instrumens de nos troubles ont été dispersés, les plus fougueux orateurs épouvantés sans doute par les déclarations positives du chef de la justice, « que tout est connu, que tout sera publié », désertent la tribune qu'ils ont si souvent profanée par leurs incendiaires philippiques, abandonnent la discussion du budget auquel se rattachent tant d'intérêts généraux et individuels, et se résignent à une retraite prudente ou perfide dans leurs départemens. Ainsi le Gouvernement, par cet acte de vigueur, a découvert enfin le secret de sa force, celui de la faiblesse de ses ennemis.

Mais, pour préparer l'effet du tableau hideux que j'annonce, il faut reprendre les choses d'un peu haut, et remonter jusqu'à la prés ntation de cette loi démocratiquement terrible à laquelle la France doit des choix si scandaleux , des hommes si funestes.

M. de Cazes avait fait dissoudre avec éclat la Chambre de 1815, qui avait eu le double tort d'irriter sa vanité et de rompre son coupable projet de ramener la famille du Corse. Il passa dès-lors dans le camp des libéraux , auxquels la plus scandaleuse protection fut accordée. Une guerre à mort fut déclarée à la Chambre introuvable et aux royalistes, qui devinrent aussi suspects, et furent aussi opprimés sous la légitimité que sous Robespierre.

Il ne suffisait cependant pas à la faction de jouir et d'abuser d'une licence effrénée pour corrompre l'opinion, pour miner le trône, il fallut lui faciliter l'usurpation du pouvoir. La loi des élections fut conçue par et pour les libéraux. Le ministre tout puissant la fit triompher de toutes les oppositions, de toutes les résistances. Les effets ne tardèrent pas à justifier les pressentimens des hommes éclairés. L'année suivante, des choix encore plus suspects ramenèrent des hommes qui, après une éclatante apostasie, s'étaient rangés, au 20 mars, sous la bannière de l'usurpateur. Le danger fut et parut imminent en France et au congrès d'Aix-la-Chapelle. Les puissances firent des représentations pressantes au ministre français : deux monarques les reproduisirent en personne. La Chambre des pairs, sur la motion d'un de ses membres les plus recommandables, les plus étrangers à l'intrigue, vote la demande d'inviter Sa Majesté à modifier cette loi, objet d'inquiétude pour les bons Français et pour les auteurs de la sainte alliance. Le tout puissant ministre, à la fois le complice et l'esclave des libéraux, s'élève avec une violence également irconvenante pour la Chambre et M. Barthélemy, dont il peint la modeste demande comme le plus grand fléau qui ait pu émaner de la Chambre des pairs et pour les puissances qu'il fallait rassurer. Battu sur ce terrain, il organise une victoire à la Chambre des députés. L'Europe entière connaît les intrigues pratiquées par le visir ; il s'assure une majorité, et nous retrouvons encore son digne beau-père au bureau de la Chambre, contrôlant et vérifiant les boules. Telle fut l'issue de cette affaire, qualifiée de bataille par le général Lafayette, qui se connaît en batailles dans lesquelles on n'a pas besoin de tirer l'épée du fourreau.

Sous les auspices de ce triomphe les libéraux ont levé le masque , secoué toute pudeur, même toute prudence, on les a vus présenter à la candidature de la chambre des députés, les hommes qui avaient pris la part la plus active à l'invasion de Buonaparte, leur confiante audace était telle qu'allant jusqu'au délire ils désignèrent leurs candidats par cette séditieuse qualification : HOMME DES CENTS JOURS. La proscription indéfinie des Bourbons était donc, à leurs yeux le plus grand titre à leur confiance…, et ils se proclamaient insolemment les amis passionnés de la charte. Quel est donc ce respect dérisoire, et comment le concilier avec le renversement de l'une des trois branches du pouvoir législatif, de l'auteur même de la charte objet de leur idolâtrie ? Le plus précoce, le plus acharné des bourreaux de Louis XVI, un vieux prêtre antè et ultrà régicide, Grégoire, fut nommé.... Un cri d'horreur et d'effroi retentit dans la France entière, il fut entendu par la chambre qui condamna encore le régicide en sa personne.

Tant de symptômes firent enfin sentir la né-cessité de changer cette loi dont les effets étaient si affreux, si menaçans. Un nouveau projet fut annoncé par le ministre qui eut un moment l'air de vouloir secouer le joug de ses complices, il fut attaqué, décrédité, calom-nié d'avance par ces hommes qui craignaient de voir s'évanouir leurs coupables espérances sur le nouveau cinquième ; il fut retiré et rem-placé par celui dont la discussion a été le signal de tant de virulence, de trouble et d'agitation. La plus violente fureur éclata du moment même ; la rage des libéraux fut telle qu'ils osèrent disputer au Roi le droit de substituer un projet à l'autre. En attendant la discussion, tout fut mis en œuvre pour la conservation de cette loi, qui avait si fort accru leurs pha-langes, et qui devait renverser la légitimité, à laquelle ils ne peuvent pardonner, ni ses mal-heurs, ni son long ostracisme, ni ses nom-breuses mutilations. Alors on vit se débor-der avec une nouvelle activité les doctrines révolutionnaires ; alors on vit se multiplier les vociférations, les manifestes, les menaces, les tables de proscriptions, les dénonciations les plus absurdes, telles que celle du gou-

vernement occulte, contr'épreuve de la trop fameuse dénonciation du comité autrichien; alors
un pair de France, de la fournée des soixante-
deux, alla à Nîmes (1) concerter la scanda-

---

(1) Voyez l'éloquent plaidoyer de M. Berryer fils,
en faveur du sieur Patris. Ce jeune orateur, si recom-
mandable par un talent très-distingué, une grande élé-
vation de sentimens, une héroïque énergie, une ad-
mirable droiture de cœur, a révélé dans les lignes sui-
vantes d'importantes vérités qui jettent un grand jour
sur quelques hommes et quelques événemens.

« Il n'a donc pas coopéré sciemment à un pareil ou-
» vrage, où se trouve une accusation odieuse, sans
» cesse reproduite, quoique son prétendu auteur n'ait
» pu en fournir des preuves, sommé qu'il était de le
» faire par les ministres, auxquels la pétition a été
» renvoyée; accusation qui va chercher ses victimes
» sur les marches du trône, accusation qui révolte
» tous les cœurs français, et qui devrait soulever, plus
» encore de mépris que d'indignation, aujourd'hui
» que son véritable auteur doit être connu de tous
» ceux qui savent apprécier les faits et réfléchir sur la
» politique.

» Depuis quand, en effet, entendons-nous parler
» de ce Gouvernement occulte, de cette Puissance
» invisible, cet autre Roi que le Roi notre maître?

» Il faut dire la vérité, et c'est ainsi que le sieur
» Patris pourra réparer le malheur qu'il a eu de coo-
» pérer à la propagation du mensonge

» Un attentat horrible a couvert la France de deuil,
» celui qui devait veiller à la garde de nos biens les
» plus chers est tombé, accusé de la plus fatale négli-
» gence.

» Étonné de sa chûte, il a voulu en trouver une
» autre cause que celle qui frappait tous les esprits;
» déjà nous avions vu sortir des bureaux de son mi-
» nistère une correspondance privée, dans laquelle le

leuse pétition de M. Madier de Monjan (1),
soutenue avec tant de cynisme par le digne beau-

» plus vertueux des princes, le plus soumis des sujets
» était honteusement accusé du crime de lèse-ma-
» jesté. Cet homme qui voulait être, qui s'est cru tout
» le Gouvernement, renversé par la force des choses,
» par la puissance de nos douleurs, a voulu person-
» nifier un pouvoir supérieur au sien; le Gouverne-
» ment occulte a été imaginé.

» Un homme notoirement connu son ami, devenu
» pair en 1819, a fait le voyage de Nîmes avant que
» la pétition parût, et le premier député qui est monté
» à la tribune pour soutenir cette pétition accusatrice,
» est celui-là même que des liens de famille unissent
» au ministre déchu.

» Sans entrer plus avant dans des explications inu-
» tiles en ce moment, voilà, Messieurs, la source de
» cette accusation; elle a été puisée dans la vanité
» blessée. Les ennemis du Gouvernement s'en sont
» emparés, ceux-là même qui voudraient isoler le
» trône et déshériter notre belle couronne de France. »

(1) Quel extravagant personnage que ce M. Madier!
Comme il a été bien soufflé! Comme il répète bien son
rôle! Il adresse à la Chambre une dénonciation qu'il
aurait dû porter devant ses collègues; il annonce des
complots d'une extrême gravité, qu'il prouve, à la vérité, par un écrit anonyme, il déclare qu'il est prêt à
nommer à la justice les auteurs de ces manœuvres. Sa
pétition est renvoyée au chef de la justice, qui le somme
de compléter ses révélations; il répond par des lettres
irrespectueuses et évasives; il fait plus encore, il les
imprime. Juridiquement sommé par un magistrat dé-
légué *ad hoc*, il répond qu'il *est lié par serment*, et
qu'il ne révélera rien. On ne sait ce qui doit le plus
étonner ici, de l'absurdité ou de l'audace. Quoi! le
magistrat repousse les invitations de son chef, méconn-
aît les ordres de la justice? Il a annoncé *officieuse-
ment* d'importantes révélations, et lorsqu'un magis-

père du ministre renvoyé, M. de St.-Aulaire, qu'on retrouve toujours dans les attaques contre les Bourbons ; les libéraux allèrent chercher des auxiliaires parmi les étudians, dont la fougue, naturelle dans l'âge des passions, fut enflammée par des adulations perfides, par des insinuations atroces. Cette jeunesse fanatisée et sans aucun droit politique, osa décider les plus importantes questions soumises aux Chambres ; la séduction avait été inutilement tentée envers le peuple ; à peine avait-on pu recruter quelques malheureux affamés. En attendant le côté gauche ne négligea aucun moyen de se procurer la majorité dans la Chambre. Tout ainsi disposé, voici comment il raisonna les chances : ou nous ferons rejeter la loi, ou elle passera. Dans la première hypothèse, nous attendrons paisiblement un nouveau cinquième qui nous débarrassera de cette importune légitimité ;

---

trat les réclame *officiellement*, il les refuse ! Sous quel prétexte? Il est, dit-il, lié par un serment. Quand donc l'a-t-il prêté? Ce n'est pas sans doute lorsqu'il avait spontanément promis de publier les noms. Il l'a donc prêté postérieurement; mais comment ce tardif serment a-t-il pu le délier de celui qu'il a prêté comme citoyen, comme magistrat, de révéler les complots contre la sûreté de l'État ou de la famille royale? Comment a-t-il pu se croire dégagé d'une obligation commune à tous les Français, lui qui a peut-être plus d'une fois appliqué la peine portée contre ceux qui refusent d'éclairer la patrie et la dynastie sur leurs dangers? Est-il donc dans la fatalité de la France que les sermens du crime soient les seuls respectés?.... Justice, prompte justice de ce magistrat, également coupable, et par ses écrits, et par sa réticence rebelle!

dans

dans le second, nous l'enleverons de vive force.
Tel était l'état des choses, lorsqu'enfin s'ouvrit
cette discussion si orageuse. Aussitôt les plus
factieux de leurs orateurs s'emparèrent de la
tribune. On la vit tour à tour profanée par les
sophismes du plus versatile de leurs coryphées,
qui, trop digne de ses ancêtres sue le républi-
canisme; par la virulente âpreté d'un secré-
taire d'État des cent jours, déjà trop fameux
dès la dernière session par une ridicule parodie
de la mystérieuse Manson ; par l'imprudente
audace d'un avocat provençal, qui a fait plus
de mal à son parti qu'il n'en voulait faire aux
Bourbons ; par les saillies souvent piquantes,
quelquefois malheureuses, mais toujours hon-
teuses, d'un ingrat protégé de Louis XVI,
qui ne reconnaît ses bontés qu'en poursuivant
sa trop malheureuse famille, et qui n'en a pas
moins obtenu les burlesques honneurs d'une
ridicule ovation prodiguée jadis au vertueux
Robespierre, au doucereux Marat; par la fac-
tieuse insolence d'un magistrat normand, dont
la dernière opinion a été une protestation rebelle
contre le vœu de la majorité, et une provo-
cation incendiaire.

Le reste ne vaut pas l'honneur d'être nommé.

Il faut cependant parler de cet embryon politico-
révolutionnaire, qui, fier d'avoir escamoté
quelques reflets de la gloire de Washington,
ne rêve que congrès, que république fédérative, qui n'a été en France qu'un bambin fort
au-dessous de son personnage, qui, en 1815,
dans sa députation aux généraux ennemis avec
plusieurs autres héros des cent jours, avait

mendié un Roi quelconque, pourvu qu'il ne fût pas un Bourbon ; qui a osé, à la tribune nationale, réclamer le drapeau tricolor, et invoquer son principe favori du plus saint des devoirs auquel la France a dû tant de malheurs et de forfaits.

L'impartiale justice exige que je signale sur un autre ton le général Foy, qui s'est acquis, par un beau talent et le ton de la conviction, autant de gloire que sur le champ de bataille. Il ne lui a manqué qu'une meilleure cause et un entourage digne de lui.

Avec sa faconde oratoire, appuyée d'une inépuisable fécondité d'incidens pour prolonger leur existence législative, les factieux firent concourir les menaces anonymes à domicile pour détacher les députés pusillanimes ou chancelans. Cette tactique renouvelée des meneurs de la Convention n'ayant pas obtenu le succès désiré, le premier article ayant été adopté, l'attaque fut résolue : on exaspéra d'abord les royalistes par le cri de *vive la Charte*, cri si éminemment patriotique, mais dont les harpies révolutionnaires ont fait un cri de sédition. L'affaire ainsi engagée, des groupes se répandirent la nuit sur divers points de la capitale , en les faisant retentir des cris de *vive la Charte , vivent nos frères de Manchester, vive l'Empereur, vive M. de Cazes.* La force armée fut mise sur pied ; elle fut insultée , menacée, assaillie par des pierres et des bâtons; un coup de feu partit , un jeune séide de l'école de droit fut atteint d'un coup mortel. Le lendemain , les orateurs s'agitent avec une nouvelle fureur. Ils demandent

que la chambre suspende ses séances, tandis
que toutes les assemblées antérieures se décla-
raient en permanence dans les momens de crise.
Ils demandent que les ministres rendent compte
de l'état de la capitale : le chef de la justice ne
pouvant publier les secrets de la procédure en-
tamée, déclare « que le systême organique a
» commencé par la tentative de faire repousser
» les propositions qui déplaisent par des moyens
» légaux, PAR DES PÉTITIONS, d'autoriser la
» multitude à se soulever et à appuyer les vœux
» par la force. »

Qu'opposent les libéraux à cette déclaration
positive et officielle ? Ils justifient l'attroupe-
ment, et le déclarent innocent. Ainsi on avait
vu M. de Cazes prétendre que des paysans marchant par milliers au pas de charge, sous l'é-
tendard tricolor, aux cris de *vive l'Empereur*,
vive Marie-Louise, allaient paisiblement à des
fêtes. Justifier ainsi des mouvemens et des ras-
semblémens séditieux, n'est ce pas s'en déclarer
l'auteur ?

Le cri *vive la Charte*, n'est, disent-ils, nullement séditieux. Cependant quand on a vu les
journalistes libéraux, pressés de répondre si ce
vœu patriotique s'étendait jusqu'au Roi et
à sa famille, faire attendre plus de six mois
un *oui* prononcé de si mauvaise grâce, qu'il
décélait leur aversion pour la légitimité, aucun homme de bonne foi n'a pu être trompé par
ce cri isolé *vive la Charte*, et le Roi lui-même
vient de le caractériser dans sa réponse aux autorités. DES HOMMES INDIGNES DU NOM FRAN-
ÇAIS, a dit le Monarque, ont suscité des trou-

bles *au nom de la Charte que j'aime bien plus qu'eux*.

D'ailleurs peut - il y avoir quelque doute, lorsque ce cri concourt avec ceux-ci, *vivent nos frères de Manchester*, *vive l'empereur*.

Ces faits, loin de diminuer leur audace, la redoublent. Ces cris, disent-ils, ont été poussés par la police et par les agens du Gouvernement. La faiblesse de cette stupide assertion ne mérite pas l'honneur d'une réponse. Mais je remarquerai que, depuis le commencement de la révolution, les factieux ont toujours rejeté leurs forfaits sur leurs adversaires. C'est ainsi que l'assemblée nationale, recevant d'innombrables plaintes sur l'incendie des châteaux, eut la cynique audace de prétendre que les propriétaires eux-mêmes y avaient mis le feu pour avoir un prétexte de calomnier la révolution et le peuple.

Cependant le Gouvernement qu'on avait vainement voulu effrayer, déploya un appareil formidable qui paralysa les instrumens de troubles, plusieurs furent foulés par les chevaux et arrêtés, les révélations abondèrent, et M. le Garde des Sceaux annonça à la tribune : « Que
» l'organisation systématique de pareils mou-
» vemens ne pouvait être l'objet d'un doute;
» qu'il est évident que ces mouvemens rece-
» vaient une direction, que le Gouvernement
» connaissait ses directeurs, ses mots d'ordre,
» ses signaux, ses moyens de ralliement. »

Cette déclaration comprima l'audace des libéraux dont les voltigeurs étaient déjà battus.

C'est dans cet état de choses que M. Boin proposa son fameux amendement. Il étonna le côté droit ; mais ce qui étonna beaucoup plus encore , ce fut de le voir soutenir par M. de Serres, qui, à la suite de plusieurs conseils de ministres , finit par obtenir de ses collègues un assentiment regardé avec raison comme une concession nullement commandée par les circonstances. Comment se peut-il que ce ministre jusque-là si énergique, si prononcé, ait transigé sans nécessité avec un ennemi vaincu pour tronquer le projet du Gouvernement et obtenir une loi moins favorable à la légitimité? La loi, telle qu'elle est rendue, ne doit pas sans doute nous inspirer les mêmes craintes, nous exposer aux mêmes dangers que l'ancienne. Mais toujours est-il vrai de dire que le ministre a gratuitement sacrifié les avantages de sa position ; et que cette capitulation sans motif est une tache dans sa conduite ministérielle. Cependant elle n'a pas satisfait le côté gauche. L'un des coryphées en a fait publiquement ses doléances à la tribune ; et, en nouveau Jérémie, il a pleuré sur les ruines de la patrie qu'il voulait restaurer par l'infaillible résultat d'un dernier cinquième , c'est-à-dire , par une convention, ou, ce qui diffère peu, par la chambre des cent jours.

Tel est l'exposé fidèle de cette discussion qui est née, et qui a fini dans le sang. Puisse cette épreuve éloigner à jamais des chaises curules les ennemis de la légitimité, les hommes des cent jours! Puisse le Gouvernement se bien pénétrer du danger de démanteler le trône en éloignant, en opprimant ses appuis naturels! Puisse-t-il surtout ne pas croire nos dangers finis par cette juste, mais malheureuse victoire, qu'il ait toujours présentes ces terribles paroles de Regnaud de Saint-Jean-d'Angely : *L'esprit révolutionnaire est un, ardent, irréconciliable, ne reculant jamais, ferme dans les revers, implacable dans la victoire*, qu'il y voie la règle et la mesure de ses devoirs !

Je le demande à tout homme de bonne foi : y a-t-il jamais eu une conspiration plus démontrée, plus flagrante ? N'est-il pas de la dernière évidence que les libéraux ont voulu renverser la légitimité, qu'ils préparaient un nouveau 10 août, témoins les quinze cents cocardes tricolores, surmontées d'une aigle, trouvées aux Thermes, chez Perrette......? Fidèles imitateurs des conspirateurs qui les ont précédés, ne les a-t-on pas vus préluder à la catastrophe par la licence effrénée de leurs écrits, par la propagation des doctrines les plus subversives, des calomnies les plus atroces contre les personnages les plus augustes ; tapisser les boulevards d'horribles gravures pour diviser les Français, pour avilir les appuis du trône, les ministres des autels, prodiguer les effigies des traîtres des cent jours, pour les exposer à la vénération de leurs adeptes, en attendant de les appeler à la législature ? Ne les a-t-on pas vus dresser des tables de proscription, vouloir réduire à la condition d'îlotes les hommes d'une fidélité éprouvée pour la monarchie ? Ne les a-t-on pas vus faire des conspirations imaginaires pour préparer des conspirations réelles, crier à l'oppression, parce qu'ils n'étaient pas oppresseurs ? Ne les a-t-on pas vus se déclarer les amis, les auxiliaires des rebelles dans les deux hémisphères, et d'après la maxime de Brissot, couvrir l'Europe de troubles et d'agitations pour incendier plus sûrement la France? *Incendions les quatre coins de l'Europe*, s'écriait ce forcené révolutionnaire, *notre salut est là.* Ainsi, tous les crimes dé la révolution se sont reproduits sous l'affreux ministère de M. de Cazes.

La part de M. de Cazes à ces déplorables événemens ne peut être équivoque. Si, par sa présence, il n'a pu attiser le feu de la sédition, ses lieutenans l'ont servi avec un zèle très-libéral. Leur quartier-général était dans ce comité directeur, créé, protégé, publiquement avoué par lui, et dont le chef de la justice a de nouveau démontré l'existence. Comment douter de son influence, lorsqu'aux cris séditieux de *Vive la Charte! Vive l'Empereur!* s'est mêlé celui de *Vive M. de Cazes*; lorsque M. Benjamin Constant a indirectement fait l'éloge de ce ministre, jadis l'objet de ses plus virulentes diatribes; lorsque M. de Saint-Aulaire a sourdement *manœuvré* contre la loi, et publiquement voté son rejet, après avoir soutenu avec tant de scandale la pétition Madier, concertée avec un pair de la dernière fournée, élevé à la dignité de commis-voyageur du Séjan libournois?

Nou, il n'est rien de clair au monde où il est évident que M. de Cazes, *à la fois ministre du Roi de France, et procureur fondé d'une sœur de Buonaparte*, n'a pas cessé de conspirer pour faire disparaître la légitimité; qu'il a exhumé, favorisé, protégé les libéraux, auxiliaires naturels de tous les grands coupables, pour renverser son bienfaiteur et sa famille, pour ramener Marie-Louise et son fils ; que du fond de sa retraite il a dirigé de nouvelles intrigues, ourdi des manœuvres criminelles qui ont troublé la paix publique (1), armé les citoyens les uns contre les autres, et provoqué une nouvelle effusion du sang français; et il jouirait tranquillement de ses honneurs, il pourrait encore, cet homme funeste, insulter en étalant son luxe et son illégitime fortune, aux malheurs publics qui sont son ouvrage ; il pourrait souiller par sa présence le sol de la patrie qu'il a exposée aux plus déchirantes commotions ; l'impunité d'un pareil homme serait la semence de nouveaux forfaits, et peut-être un argument contre

---

(1) Le juge d'instruction près le tribunal civil de Paris qui informe contre les provocateurs, fauteurs et complices de l'insurrection qui a éclaté dans la capitale, aux premiers jours de juin, ensuite à Brest, Nantes, Poitiers, etc., a donné des ordres pour saisir chez M. Goyet, le journaliste en correspondance avec MM. Lafayette, Benjamin Constant, etc., députés de la Sarthe, des pièces qui doivent servir à éclairer sur des manœuvres *occultes*, et un inspecteur-général de police a assisté les officiers publics qui ont mis les scellés sur cent une lettres trouvées au domicile de M. Goyet. C'est cette saisie qui a mis en mauvaise humeur M. Benjamin Constant, dans la séance du 27 juin.

Les déclarations de Gravier contre six personnes *principalement*, semblent donner des inquiétudes à un certain parti qui ne reconnaît comme cri constitutionnel que celui de *Vive la Charte!....* Attendons.

la Providence ? Non, non la France n'est point
réservée à ce douloureux scandale, et nous en-
tendrons bientôt sans doute un député coura-
geux réaliser enfin un engagement solemnel et
exaucer les vœux de tous les Français fidèles.

On me rendrait bien peu de justice, si l'on
concluait de mes attaques que je suis avide de
son sang.... J'ai conçu, à la vérité, contre lui
la plus violente haine, parce que je ne puis
aimer médiocrement ma patrie et mon roi, dont
il a si cruellement compromis l'existence, et
malheur à celui qui n'éprouve pas

Ces haines vigoureuses

Que doit donner le crime aux ames généreuses !

Je l'exècre ; mais je n'ai pas soif de son sang,
tout impur qu'il est, mais j'ai soif d'un grand
exemple, d'une grande expiation. Qu'il soit
condamné, ma haine expire ; que le Roi, exer-
çant la plus belle prérogative de la couronne,
lui remette la peine, je solliciterais même cet
acte de clémence, si un Bourbon avait besoin
d'invitation pour être humain et généreux. Qu'il
vive, ce misérable ! qu'il tâche d'obtenir un asile
sur le continent, troublé par ses criminelles intrigues ; mais qu'il traîne loin de sa patrie une
pénible vie, déchirée par les remords et la douleur, et que cette déplorable existence épou-
vaute à jamais tous ceux qui, par leur perfidie,
leur ambition ou leur orgueil, tenteraient de
troubler la paix et de bouleverser les destinées
de la patrie. Mais, quoi ! il ose revenir dans
la capitale, fumante encore du sang royal, na-
guères le théâtre de la guerre civile, pour cou-

ser\ver une trop funeste loi (1)! Quoi! il ne craint pas de rencontrer des figures douloureuses et accusatrices? Il ne craint pas qu'on lui reproche toutes les calamités que sa toute-puissance et son ingratitude ont accumulées sur sa patrie, sur son bienfaiteur et son infortunée famille? Il ne serait pas repoussé par l'image sanglante de la victime royale, dont il répondait à la France? Ah! comment osera-t-il passer devant ce lieu, d'abord destiné aux plaisirs et maintenant condamné à un deuil éternel?... Et pourquoi pas? N'a-t-il pas eu l'audace de siéger à la Chambre des pairs,.... de paraître à la cour? A la vérité, sa présence y a excité un mouvement général d'indignation et d'effroi ; tout le monde s'est éloigné de lui, et il a dû voir dans cet isolement le sceau d'une réprobation générale. Ne s'est-il pas fait présenter chez les princes?.... L'étiquette l'y appelait... Une seconde après, il n'y était déjà plus.... Mais combien elle a paru longue à la douleur... Combien de blessures elle a rouvert!!! Cependant, l'on assure (oserai-je le dire) que des courtisans qui traînent de grands noms, ont été ram-

---

(1) On a publié qu'un pair de France a fait, en plein sénat, l'éloge du ministère de M. de Cazes. On n'a pas pu croire que ce pair, de la dernière fournée, ait été égaré par la reconnaissance, au point qu'il eût le cruel courage d'opposer sa faible voix à l'exécration publique. Autrement, on aurait dit : Il est donc vrai que cette affreuse époque de notre histoire doit être flétrie à la fois, et par le plus grand forfait, et par le plus douloureux scandale !

per encore devant cette ancienne idole, comme dans le temps de sa plus haute faveur... O temps ! ô mœurs ! ô déplorable habitude de la servitude et de la bassesse ! Eh ! comment ne sentent-ils pas, ces êtres dégradés, que tant de forfaits et la catastrophe du 13 février, doivent avoir élevé un mur d'airain entre les amis du trône et celui qui l'a ébranlé ; entre les amis de la dynastie et l'homme affreux qui l'a environnée de crimes et de périls ? Il ne leur reste donc plus que le courage de la honte ! Et en sortant de chez cet orgueilleux parvenu, ils iront peut-être protester de leur fidélité et présenter d'impurs hommages à un père désolé, à un frère inconsolable, à la céleste fille de Louis XVI, à cette jeune et héroïque princesse, enlevée à une famille adorée, pour être aussitôt en proie à la plus déchirante adversité..... Oh ! famille infortunée ! auriez-vous, dans votre patrie, à regretter votre exil ? Quelle implacable fatalité vous poursuit ! Combien je suis pénétré de honte et de douleur, lorsque je vois des Français se prostituer, s'avilir ainsi devant l'auteur de nos calamités ! Je me prosterne à vos pieds pour vous faire une amende honorable de cette ignominieuse turpitude, au nom de tout ce qui est encore digne du nom français.

Au grand étonnement de la France, le dernier de nos ducs part bientôt pour aller à Londres représenter S. M. T. C. Recevra-t-on l'ancien complaisant de Buonaparte dans cette cour, qui a renversé ce fléau du continent ?

Certes, celui qui aurait dit, il y a quelques années, que la plus importante ambassade de l'Europe serait confiée à un homme qui ne connaissait que les boudoirs de la volupté ou les antichambres de la famille du Corse, ou les ignobles tripotages de la police, aurait certainement passé pour un visionnaire; cependant, il n'est que trop vrai... Mânes du duc de Berri, vous frémissez.... La vision est devenue une réalité..... Imprudent ministre qui l'avez désigné, quelle responsabilité pèsera sur votre tête !... Tant de faveurs me rappellent involontairement la réponse énergique du comte de Noce au régent, qui lui annonçait une nouvelle promotion en faveur de Dubois : *V. A. R. en fera ce qu'elle voudra ; mais elle ne pourra jamais en faire un honnête homme....* Encore ce Dubois n'était pas un traître.... Mais je me résigne et me console, en espérant que cette nomination n'est qu'un sauf-conduit ou une sauvegarde, comme l'ambassade de Saxe pour Fouché; et que ce diplomate improvisé, bientôt sous le poids d'une accusation capitale, ne trouvera pas un asile sur le continent.

Par l'Editeur DU PROJET
D'ACTE D'ACCUSATION.

(Juillet 1820.)

Imprimerie de Madame veuve PORTHMANN.